Muhammed Oeztuerk
Dorfstr 13
82024 Taufkirchen
Deutschland

Made in the USA
Monee, IL
15 April 2021

65747836R00069